0~3岁 聪明宝宝玩出来

五感亲子游戏

[日] 坂本洲子 著　　任凤凤 译

中国农业出版社

·北京·

轻松、愉快的亲子游戏
玩出聪明健康宝宝

新生命的孕育、诞生会令人感到无比激动。但是，宝宝出生后的生活环境真的有利于他的成长吗？

如今，年轻的爸妈们初为家长，会因不懂得如何育儿而给自己的内心带来些许的不安和担忧吧！况且，如今又是信息泛滥的时代，面对着令人眼花缭乱的各种育儿书籍，许多家长都会感到困惑和迷茫。

如何养育出一个身心健康和头脑聪明的宝宝是所有家长（养育者）最关注的问题。婴幼儿时期是人格形成的关键时期，养育者对孩子的影响是最大的。近年来，孩子的健康成长作为一种社会问题，被大家所关注。为了能让孩子健康快乐地成长，成为家庭和社会的一员，家长首先要做到陪伴孩子快乐地度过每一个成长阶段。

本书内容丰富、结构新颖，语言亲切活泼，同时配有精美生动的图片，让父母在轻松愉快的阅读中掌握各种刺激宝宝五感发育的亲子游戏。通过做游戏来刺激宝宝的感觉功能、运动功能、语言功能等。

婴幼儿运动功能的发育是有一定规律的，即从身体的上方到下方（头部—颈部—肩部—腰部—腿部）；从身体的中间部位到末端（肩部—肘部—腕部—手指）；从大肌肉群开始逐渐发育到小肌肉群。感觉功能发育也是有阶段性的。如视觉发育的过程为：出生1个月的宝宝，其眼睛能够追随光线移动；2～3个月的宝宝能够初步分辨颜色；4～5个月的宝宝喜欢看自己的手和熟悉的成人的脸。在新生儿时期，宝宝的味觉、嗅觉、触觉都非常敏感。婴幼儿的运动功能与智力发育关系也十分密切，可以说两者是同时发育的。

另外，在婴幼儿时期，除了要刺激他们的五感，激发他们的兴趣也是非常重要的。例如，刚出生的宝宝看到光亮时，他们的脸会转向有光的一面；在咿呀学语的宝宝面前放置他们喜欢的玩具，他们会伸手去拿。因此，父母可以通过和宝宝做游戏来激发宝宝的好奇心和探索欲。本书为不同月龄的宝宝提供了有趣的玩具举例和每个阶段的亲子游戏，让宝宝越玩越快乐，越玩越聪明。虽然每个游戏都有一定的游戏规则，但由于宝宝每个阶段的发育状况有所差异，父母不必生搬硬套，应结合自己宝宝的特点进行选择，灵活变通。建议父母选择适合自己宝宝发展阶段的游戏进行训练。例如，4个月大的宝宝如果出现不喜欢做该月龄阶段的游戏的情况，那么，父母可以重复前一个月龄的游戏，如果这时宝宝表现出对该游戏毫无兴趣，也可以尝试着和宝宝做下一个月龄的游戏。如果宝宝出现疲乏或哭闹的表现，建议停止游戏，不要勉强宝宝。另外，父母一定要给宝宝创建一个健康、安全的成长环境。比如说，父母要仔细检查房间里的物品摆放是否平稳，是否存在会让宝宝受伤或者烫伤的物品等。

本书中所介绍的游戏训练方法是1960年美国伊利诺伊大学教育研究课题组利用大约3年的时间研究出来的。实践证明，婴幼儿的身体动作发展是可以通过平日简单的游戏得以训练的，游戏可以促进幼儿的生长发育。承担此项研究课题的顾问是Genevieve·painter博士，笔者将其编写的*Teach your baby*一书译为《提高宝宝智力专栏》（一光社）出版。

哈佛大学的教育研究专家曾提出，满足孩子的好奇心，和孩子做游戏不情绪化，能心平气和、愉快地跟孩子交流的父母所养育出来的孩子，不仅在幼儿阶段，而且在上学以后，他们的情商和智商也都相对较高。本书中的游戏都是根据不同阶段宝宝身心发育的特点及兴趣而设计的。而这些促进宝宝五感发育的游戏，只需要几分钟就可以完成。所以，亲爱的家长们，每天抽出数十分钟和宝宝一起做游戏吧！这将会对宝宝的成长发育有很大的帮助。

坂本洲子

聪明宝宝玩出来
0～3岁五感亲子游戏

* 如果将哗啷棒或气球等玩具系在宝宝的手腕上玩时，家长一定要时刻留意宝宝，千万不要让线缠到宝宝的手指或脖子上。

* 家长一定要清理好宝宝周围的物品，千万不要让宝宝误吞了玻璃球、串珠、硬币或饼干等小东西。

* 家长可以在部分页面的划线部分记录一下做完游戏时宝宝的状态，或者在游戏中要注意的事项等。

Part1 新生儿～1个月

🍄 **胎儿在妈妈的肚子里时，就能够听到来自外界的声音**

其实胎儿是个好奇心很强的小家伙。他在妈妈的肚子里时，就已经会看、会听、会用肌肤感觉很多的事物。

胎儿的听觉系统最为发达，听觉系统在4～5个月时就已经基本发育完成。虽然这时的胎儿听不懂说话的内容，但是能够感受到妈妈的声音。同时，通过接受外界的声音带来的刺激，大脑也逐渐变发达。

🍄 **刺激五感，促进大脑发育**

刚刚出生的宝宝五感发育尚未成熟，它是在宝宝成长的过程中逐渐发育完成的。五感的发达有利于大脑发育。我们可以通过做游戏来培养宝宝的"五感功能"。

所谓五感，是视觉、听觉、味觉、嗅觉、触觉五种感觉。这五感是为了生存所必备的最低限度的能力。为了让这些感官发达，父母应该从宝宝刚出生的时候（严格地说应该是从胎儿时期）就着手培养。可以利用宝宝醒来的时间，通过做游戏的方式来刺激宝宝的感官发育。

🍄 **利用宝宝醒来的时间做游戏**

新生儿时期的宝宝，一天当中大多数时间都是在睡觉，我们可以利用他吃完奶后，醒着的时间跟他做2～3分钟的游戏。那么，请您根据本章所

让宝宝的五感变发达

介绍的方法来和自己的宝宝一起做游戏吧！如果宝宝在做游戏的过程中出现哭闹或者发脾气等情况，请家长立刻中止游戏，哄宝宝入睡。

🍄 父母要心情舒畅

在和宝宝做游戏时，父母要始终微笑，充满爱意地和宝宝玩是最重要的。如果父母陪宝宝游戏时是无精打采、应付和敷衍的态度，他会立刻感觉到。如果能让宝宝体会到游戏的乐趣，那么他就会增加尝试新事物的勇气。因此，父母跟宝宝一起体会游戏的乐趣吧！

🍄 游戏的目标和注意事项

因为这个月龄的宝宝头部还不能挺直。所以在做游戏时，要将宝宝放在被子上或者毯子上进行，时间为2~3分钟。

这一章里介绍的是感觉刺激、视觉刺激、听觉刺激以及其他方面的刺激等四种刺激游戏。父母可以从中选出一种，一天一次，和宝宝一起玩。选择哪种游戏由父母根据自己宝宝的发育特点进行选择。

父母在与宝宝玩耍时，要注意宝宝的情绪。如果玩完一个游戏，宝宝还很精神，可以继续下一个游戏。

感觉功能
训练

让宝宝的五感变发达

刺激五感能够促进大脑发育，但要在不打扰宝宝睡眠的前提下进行。

游戏 1

变换睡姿

游戏 2

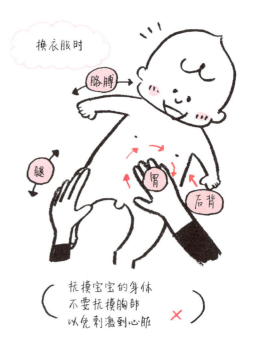

换衣服时

胳膊

腿

胃

后背

抚摸宝宝的身体
不要抚摸胸部
以免刺激到心脏 ✕

宝宝在睡觉时会经常自己变换睡姿，有时会仰着睡，有时会趴着睡等。

所以大人一旦发现宝宝趴着睡觉，一定要为他变换睡姿。因为趴着睡觉可能会因不能呼吸而导致窒息，情况十分危险。

在给宝宝换衣服的同时，可以轻轻抚摸宝宝的胃部、背部、肩部、手、脚等。

游戏 ③

将宝宝抱在左胸前,让宝宝听妈妈的心跳声

将宝宝抱在怀里

首先要抱紧宝宝,然后尝试着将宝宝的头部贴近自己的左胸前,让宝宝去听妈妈的心跳声。

游戏 ④

可时常轻轻摇晃宝宝

在抱宝宝时可以打开音乐,伴随着节奏轻轻摇晃宝宝。

视觉功能训练

刚出生的宝宝都很喜欢看光亮

经常用眼能够提高和增强视觉能力。在宝宝醒着的时候可以使用发光的物体来刺激宝宝的视觉。

游戏 1

宝宝在床上躺着时，可以利用太阳光来刺激宝宝的视觉。但是要经常掉转宝宝的头，使其左右眼均等地接受太阳光的刺激。

游戏 2

将发光物体（团成球形的铝箔纸）用绳子吊挂在宝宝的床上方，距宝宝的鼻子大约30厘米。当宝宝睡醒时，晃动箔球来训练宝宝的视觉。

小贴士

刚出生的宝宝对色彩的感知还需要一个过程，这时让宝宝去看发光的物体或者是黑白等颜色对比强烈的图案会增强视觉能力。但家长要注意的是，这个月龄的宝宝能够聚焦看清楚的距离只有30～40厘米，高于1米或者低于10厘米的物体宝宝都是看不到的，所以在训练宝宝视觉的时候，要保持好一定的距离。

新生儿～1个月

听觉功能 训练

利用不同的声音来刺激宝宝的大脑

声音传入耳朵的过程可以促进脑听觉中枢的发育。

建议父母先尝试用自己的歌声来训练宝宝的听觉。

游戏 1

唱一些优美、柔和的歌曲

可以给宝宝唱摇篮曲或者一些优美、柔和的歌曲。

游戏 2 可以给宝宝听广播，但时间不宜过长。

听3～5分钟

听3～5分钟 咦！什么声音？

游戏 3

可以给宝宝听一些音乐演奏、CD等节奏舒缓、柔和的轻音乐或古典音乐，但时间不宜过长。如果一整天都给宝宝听的话，就难以起到好的效果。这个月龄的宝宝听音乐的时间最好控制在3～5分钟。

小贴士

对宝宝来说，不同的声音具有不同的意义。特别是妈妈的声音（在宝宝耳边轻柔地和他讲话），对宝宝来说是非常有益的。在此，需要特别提醒家长的是，你们的声音和从立体音响等机器中发出来的声音对宝宝听觉刺激的效果是不一样的。

拓展游戏训练

宝宝的生活环境不宜过分安静

适当的家庭噪音对宝宝的成长发育很有帮助。

游戏 1

逗宝宝笑

贴脸

陪在宝宝身边

趁宝宝醒着的时候，大人可以陪在宝宝身边，抱抱他或者跟他贴脸，逗他开心。

游戏 2

给宝宝洗澡，让他体验洗澡的乐趣

欢欣雀跃

游戏 3

溜达溜达

几分钟的时间

在宝宝醒着的时候可以带他去户外散步，时间控制在5～6分钟。

不能宝宝一哭就抱

哭是宝宝与外界沟通的一种方式，但最好不要一哭就抱。当宝宝哭时，千万不要慌乱。首先，家长要考虑宝宝此时的需求是什么，并予以回应。但千万要记住，这时和宝宝搭话是最重要的。比如，在检查尿不湿的时候，可以一边检查一边说："是不是尿尿了呀？"在试探宝宝是否饿了的时候，可以一边轻轻触碰他的嘴唇一边说："是不是饿了呀？"如果他表现出饿了的样子，这时可以一边喂宝宝一边说："原来宝宝是饿了呀，这就给宝宝吃饭了。"

即便是在宝宝想睡觉而哭闹的时候，也不要抱着让他入睡。可以把他放到婴儿床上，将胸部轻轻靠近他，一边让他听着心跳声，一边给他唱摇篮曲，或者用温柔的话语对他说"宝宝睡觉吧"，让他养成自然入睡的好习惯。

其实宝宝需要抱的时候，并不是用哭去表达的，哭只是因为他有某种需求。一般情况下，宝宝都是心情好的时候才会让抱的。所以，家长要学会了解宝宝的心情，这样宝宝哭闹的情况就会减少。

Part2 2～3个月

 开始使用手和手腕

　　刚刚出生的宝宝，双手是成握拳姿势的，出生后2～3个月，双手渐渐张开。这时期的宝宝喜欢伸出小手抓东西，但还没有太大的力气，完全是使用手掌去抓东西。如果给他一个小玩具，他便无意识地抓住片刻。吮吸手指是这个月龄的宝宝普遍出现的现象。

　　只要父母用手在宝宝身后做一点支撑，他的头便可以抬起，虽然这时宝宝颈部的肌肉发育并不是很好，但依靠物体可以坐着。俯卧位时可抬头呈45°角。因为抬头是为爬行做准备，所以在宝宝醒着的时候，妈妈多让宝宝做俯卧位抬头练习吧！爬行非常有利于宝宝的生长发育。

　　当宝宝醒着，给宝宝换尿布时，可以轻轻地抚摸宝宝的手脚，这样可以促进皮肤的血液循环，调节自律神经，宝宝也是非常喜欢的。

 观察为什么哭

　　刚出生的宝宝五感还不是很发达，但是出生1个月后，宝宝的肌肉逐渐强劲有力，动作发展很快，表情虽然还不是很丰富，但能做出喜欢和讨厌的表情。饿了或者尿布湿了，有哭的时候，也有不哭的时候。开始会表现出悲痛、喜悦、兴奋等情绪。

和活泼好动的宝宝
愉快地游戏

该月龄的宝宝喜欢听音乐和妈妈的声音。而且这个阶段的宝宝即便拥有父母的无限宠爱，有时也会哭闹不止。因此，当宝宝哭闹时，千万不要急忙去抱，可以先站在他身边观察。如果既不是因为饿，也不是因为尿布湿了哭的，父母可以在他旁边轻轻拍打他的身体，让他再次入睡。

如果宝宝一哭就马上抱起的话，他就会知道"如果我哭，妈妈就会抱我"，从而养成一哭就抱的不良习惯，父母就会变得非常忙碌。

我们可以在宝宝笑或高兴的时候，抱抱他或和他说话。可以通过你对他做出的各种反应来告知宝宝"只有高兴的时候，妈妈才会陪我玩"。

🍄 游戏的目标和注意事项

本章的游戏可以让宝宝在躺着的状态下，实现头部自由转动，颈部肌肉变强，能够握住自己的手等目标。

这个月龄的宝宝大部分时间仍在睡觉，所以游戏要选择在下午醒着的时候进行，1天1次，时间为5～6分钟。

2~3个月

感觉功能训练

身体活动越多 大脑就越发达

可以通过按摩等方式来抚触宝宝的身体，经常抚触可以促进宝宝与父母之间的交流，帮助宝宝获得安全感，感受到父母对他的关爱。

游戏 1

手腕 脚 胃 后背

轻轻地！（胸部✗）

在给宝宝换尿布或者换衣服时，可以顺便给宝宝按摩一下胃部、肚子（肚脐周围）、后背、手腕、脚等。

游戏 2

表现得非常好

使宝宝仰卧（脸朝上），然后握住宝宝的双手手腕，让宝宝做抬头的动作2~3次。

游戏 3

脱掉衣服进行

换衣服时 光着身子按摩，好舒服啊！

让宝宝仰卧（脸朝上），然后握住宝宝的脚腕让宝宝做屈膝动作。

游戏 4

双手轻轻地向上推脚跟部

使宝宝俯卧（脸朝下），轻轻上推宝宝的脚跟部。

小贴士

经常给宝宝做肢体伸展运动，不但可以促进神经系统的发育，还能够刺激脑部神经，有利于大脑的发育。

视觉功能训练

让宝宝看各种颜色和形状的物体

这个月龄是视觉神经最发达的时期，因此在这个时期多让宝宝看各种各样的物体，有利于宝宝视觉的发育。

游戏 1

让宝宝环视四周

将宝宝俯卧（脸朝下），这样宝宝可以锻炼抬头，环视四周，拓展宝宝的视野。但时间不要太长（参照小贴士）。

游戏 2

宝宝喜欢带颜色的花样

将宝宝俯卧（脸朝下），放到带有小花图案的床单上玩耍，让他去看床单上的小花，这样有利于宝宝的眼部肌肉发展，促进视觉发育。

小贴士

让颈部仍没有力气的宝宝俯卧，家长也许会有些担心。其实，宝宝俯卧能够让颈部得以很好地发育。但如果宝宝在做俯卧时哭闹，或者是不喜欢，可先坚持30～60秒。如果以后习惯了，可将时间延长至2～3分钟。

视觉功能
训练

游戏 ③

手制箔球

距鼻子约30厘米处

在宝宝的小床上悬挂彩色气球、活动的玩偶、发光的箔球等,吸引宝宝的目光。

游戏 ④

让听　让看

学会等待

利用彩色气球、彩带、玩具等来吸引宝宝的目光,当宝宝看到后,便可将其移开。这时宝宝的视线会停留在玩具消失的地方,让他等待几秒钟之后再将玩具拿到他面前。此游戏可以让宝宝学会等待。

游戏 ⑤ 游戏 ⑥

用手电筒代替玩具

手电筒

距宝宝双眼30~80厘米处

用红布蒙上手电筒的上端

打开手电筒,沿水平和上下方向慢慢地置于距宝宝双眼30~80厘米远的地方,沿弧形移动。(动作要领是当宝宝注视灯光后,再移动手电筒)。可以将手电筒替换成玩具,使用同样的方法游戏。

制作一张边长为10厘米的白色正方形卡片，然后在卡片的正中间上画一个红色的圆。将制作的卡片置于距离宝宝双眼30～50厘米处，上下移动。

用颜色相近的彩纸做一本小册子，然后将小册子放在宝宝的眼前抖动，并慢慢靠近他的脸。

🐦 小贴士

　　这个时期的宝宝能够初步辨别出颜色，如红、黄、蓝等原色系。辨别其他颜色还需要一段时间。

游戏 9

黑白卡片

将两张黑白卡片同时展示给宝宝看

按照上面的图制作边长为5厘米的正方形、黑白同心圆卡片两种，然后将这两种卡片同时展示给宝宝看，待宝宝看清图片后，可慢慢地向左、向右、向上、向下移动卡片。

游戏 10

握住宝宝的双手，将他的双手放在胸前，然后打开放到两侧。

伸开、闭合

伸开、闭合

游戏 11

换手抓握

给宝宝玩重量较轻的哗啷棒等玩具，让宝宝学会抓握，并在玩的过程中教宝宝学习换手抓握。

听觉功能训练

通过动听、悦耳的音乐培养宝宝的安全感

对于宝宝来说，任何声音都比不过妈妈的声音悦耳，所以妈妈要多用温柔的声音，带着微笑和宝宝讲话。

游戏 1

在宝宝的小袜子上缝个小铃铛。宝宝在活动脚时，小铃铛就会发出响声。因为宝宝对铃声产生好奇，所以会不断做踢腿运动。此游戏可以锻炼宝宝的运动机能。

游戏 2

给宝宝听收音机、CD、音乐盒、电视等。时间为5~10分钟，不宜过长。

游戏 3

给宝宝唱歌

抱着宝宝时可以跟他讲话或者唱歌给他听。

游戏 4

铃铃铃……

嗨！

爸爸和妈妈躲到房间的另一端来呼唤宝宝的名字，让宝宝寻找。观察他是否在倾听、寻找说话的声源。还可以弄响玩具，直到宝宝做出反应并找到大人为止。

2～3个月

拓展游戏 训练

日常生活也很有趣

多让宝宝观察和参与我们的日常生活，随时问宝宝"你在做什么呢？"

游戏 1 逗宝宝笑，此游戏能够鼓励宝宝笑口常开。

来，宝宝笑一个

游戏 2 给宝宝独立玩耍的时间，但成人不要离开，要在一旁看护着宝宝。

妈妈在一旁看护

游戏 3

要一起吃饭吗？

在吃饭的时候，如果宝宝是醒着的，可以让他坐在餐桌旁看着爸爸妈妈进餐。这样不仅能让他感受到他也是家庭中的一员，还能体会到其乐融融的家庭氛围。

游戏 4

宝贝，知道妈妈在做什么吗？

妈妈在做饭时可以让宝宝在一旁看着。

游戏 5

真舒服

常带宝宝到户外散步。

🐤 **小贴士**

　　吃饭时可以把宝宝带到餐桌前，做饭时可以把宝宝带到厨房，这样可以让宝宝进一步了解家里的日常生活活动。

　　另外，当宝宝在餐桌旁时，父母千万不要忘了和宝宝交流，可以一边和宝宝说话，一边愉快地进餐，让宝宝感受到和家人一起吃饭的乐趣。

　　把宝宝带到厨房做饭时，父母最好也要一边做一边和宝宝交流，比如，"妈妈现在要切萝卜啦！""今天我们吃火锅"等。这样宝宝能够更加专注、愉快地看着。

Part3 4～5个月

 脖子能挺得很直，动作也活泼起来

这个月龄的宝宝颈部肌肉力量增强，运动能力发育迅速。即使竖着抱起，脖子也能挺得很直。手可以张开，不再成握拳状。

 好奇心和手部灵活性增强

活泼的宝宝开始自己伸出小手，喜欢这儿摸一下，那儿摸一下。通过自己的小手触摸、感觉物体的存在。同时，宝宝的手眼协调性也开始增强，他能够将自己的小手放进嘴里或者把抓到的东西往嘴里放，嘴巴与舌头的感觉也丰富起来。家长在这个时期一定要把宝宝的周围清理干净，特别是那些可能被宝宝吞咽或者可能伤害宝宝的危险物品。

另外，宝宝还可以翻身去拿自己喜欢的玩具，还能将玩具放到胸前。不过，这个月龄的宝宝还不能长时间抓握玩具，拿到手里的东西经常会掉落。饿了的时候也不再只会用哭来表达，能够发出单音节"啊""喔"，来向父母传达自己的需要。

越来越活泼的宝宝，能够通过自己去看、听、触摸、吮吸来学习和认识事物。

运动能力的发育是宝宝成长过程中必不可少的，它关系到宝宝好奇心的萌发和神经的发育。因此，家长可以在宝宝的周围放一些他喜欢的玩具，当他醒来时可以自己拿玩具玩，但玩具不宜放得过多。

宝宝健康活泼地成长

 把游戏当作一种习惯

　　父母在和宝宝做游戏时，尽可能在固定的时间、地点（让他坐在靠垫上，或者坐在带有安全带的椅子上）进行，时间控制在10～15分钟。如果游戏结束，宝宝出现哭闹的情况，请不要着急，可以拿一个他平时喜欢的玩具递给他，然后轻柔地对他说："玩一会儿这个好吗？"另外，担心宝宝的安全固然重要，但是父母不能24小时都陪着宝宝。因此当宝宝自己玩的时候，父母可以去做自己的事情。如果宝宝一哭父母就很快地过去，这样一来，宝宝就会养成缠人和依赖人的不良行为习惯。要让宝宝知道跟父母玩的时间是有限的，以此来培养宝宝的独立性。

游戏的目标和注意事项

　　本章介绍了很多促进宝宝发育的小游戏。主要是锻炼宝宝伸手抓握、触碰脚趾、俯卧、用前臂支撑身体等。

　　如果宝宝做游戏的时间超过20分钟，还想继续做的话，父母可以选择进行下一组游戏。如果感觉到游戏难度较大，那么等宝宝长大一点再跟宝宝做吧！

感觉功能训练

通过触摸宝宝来培养宝宝的情感

在游戏中让宝宝认识自己的身体，培养宝宝喜悦、生气、悲伤等丰富的情感。

游戏 1

什么？
脸
什么？
脚
语言的学习
笔

游戏 2

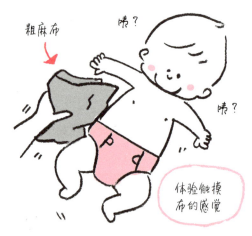

粗麻布
咦？
咦？
体验触摸布的感觉

可以使用材质柔软的手绢、羽毛、笔等来触碰宝宝身体的不同部位。一边触碰一边说"挠挠宝宝的小手、小脚、小脸蛋"。此游戏可刺激宝宝的语言发育。虽然这时的宝宝语言并不发达，但他开始学习词语的音调，不久他就会通过理解词语的音调知道所表达的身体部位。

可以用粗麻布来轻轻触摸宝宝的身体，让宝宝体验触摸布的感觉。

游戏 3

在一旁看护

兴致勃勃

给宝宝一个能用小手抓握的软塑料小球。在玩的过程中可以锻炼宝宝的小手肌肉以及抓握能力。

游戏 4

妈妈在一旁看护

给宝宝一个干净的勺子，让他把勺子放进嘴里啃，以此来锻炼宝宝对事物的感知能力。

小贴士

也许家长会认为，让小孩儿玩球或勺子是很危险的事情。所以在孩子玩的过程中，家长需要在一旁看护。

4~5个月

视觉功能
训练

培养宝宝主动看、摸的意识

让他学会不仅可以用手，也可以用嘴感知不同的事物。

游戏 1

让宝宝仰卧（脸朝上）在床上，拿出玩具给他看，然后观察他是否能主动伸手取物。如果宝宝正在看自己的小手，请不要勉强让宝宝转移注意力，将玩具直接给宝宝就可以了。

游戏 2

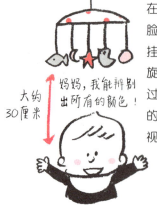

在宝宝床头处距宝宝脸30厘米的位置处悬挂带有多种颜色的可旋转挂铃，让宝宝通过辨别远近距离不等的物体及颜色来促进视觉发育。

游戏 3

于游戏2相同位置处，悬挂一个小铃铛。然后在小铃铛处系个小绳子，妈妈拉动绳子让铃铛发出声音并让宝宝看，然后妈妈再把小绳子系到宝宝的手腕上，让宝宝模仿妈妈的动作摇铃铛。当宝宝发现自己可以让玩具发出好听的声音时，会不厌其烦地触动玩具，并乐此不疲。

游戏 4

在宝宝手腕上系一个气球

游戏 5

让宝宝俯卧（脸朝下），然后拿出可发出声音的玩具放在宝宝面前，一边摇一边说："铃儿铃儿响叮当！"

游戏 6

在宝宝喝奶时，可以给宝宝一个玩具握在手里。

🐦 **小贴士**

在哺乳时，妈妈们可以一边看着宝宝一边温柔地跟他讲话。如"好吃吗？宝宝要多吃点，吃得饱饱的哦！"

听觉功能训练

能分辨各种声音

好奇心越来越强的宝宝喜欢听不同的声音，已经开始咿呀学语了。

游戏 1

让宝宝听揉搓纸的声音

游戏 2

带宝宝到外边去听踩落叶的声音和抓树叶的声音

游戏 3

可以织一个带铃铛的小袜子给宝宝穿。玩完之后再给他换上普通的袜子。

游戏 4

可以拿一个哗啷棒在宝宝的头上方、左边或右边摇晃来促进宝宝的听觉发育。

游戏 5

在抱宝宝的时候，爸爸可以给宝宝唱儿歌或者朗读诗歌，虽然他暂时还不能理解歌词或诗的意思，但是他能够感受到语调和节奏。

游戏 6

可在窗前挂置一个风铃，让宝宝听风铃的声音。

4~5个月

模仿能力训练

模仿可以促进生长发育

宝宝渐渐能通过模仿发音来表达事物。但千万不要勉强宝宝去模仿，要给宝宝创建一个愉快的语言氛围。

游戏 1

让宝宝坐下，跟宝宝玩变戏法游戏。妈妈伸出两只手，然后注视着宝宝的眼睛，一边说"变了，变了"，一边"啪"地把手放下。反复几次，然后等宝宝模仿。

游戏 2

在宝宝情绪好的时候，妈妈可以用愉快的语气和表情发出"啊、哦"等重复单音节，和宝宝说话。

🐦 **小贴士**

宝宝的模仿行为一般是看到大人的动作感到有趣、好奇，自己才会跟着模仿的。如果宝宝没有模仿，父母也千万不要勉强宝宝去做。因为宝宝是可以按照自己的步调去学习的。

4~5个月
拓展游戏
训练

喜爱运动的游戏

给越来越爱动的宝宝创造一个独自玩耍的空间是最重要的。

游戏 1

妈妈站在一旁看护

独自玩的时间为15~30分钟

在一天当中，大人可以给宝宝留出几分钟独自玩耍的时间。这个时候，可以给宝宝玩一些在以上游戏中介绍过的玩具。比如哗啷棒、小球等，时间控制在15~30分钟，大人需站在一旁看护。

游戏 2

太棒了！

使宝宝俯卧（脸朝下），大人用手顶住他的小脚让宝宝向前爬，去够前方的玩具。

小贴士

如果宝宝能自己完成翻身动作的话，就说明他有力气去挪动自己的身体。在这个阶段，家长可以帮助宝宝学会翻身。家长可将宝宝的两脚成交叉的姿势，将一只胳膊转向另一侧，这样宝宝就能够比较顺利地翻身了。如果宝宝不愿意做的话，请千万不要勉强宝宝。

游戏③

大人扶住宝宝的腋下，一边唱歌一边有节奏地做跳跃动作。千万不要将宝宝的双脚离开床或者地板。

游戏④

将宝宝坐在婴儿车里，看着大孩子们玩。虽然宝宝暂时还不能跟大的孩子玩，但可以让他感受大孩子玩的喜悦。

小贴士

跟宝宝玩举高高的游戏时，千万不要在空中将手松开，这样会给宝宝带来恐惧感。可以等宝宝再长大一点进行尝试。为了让宝宝在游戏中具有安全感，家长千万不要将双手离开宝宝的身体。

Part4 6～8个月

 身体活动范围扩大

　　这个月龄的宝宝能够将自己的身体抬高，开始匍匐爬行，因此身体活动范围变大了。同时，因为他能够抬起头看到整个房间，所以对周围环境产生好奇心，不但喜欢观察自己周围的各种人和事，还喜欢到处摸，到处看，把抓到的东西往嘴里塞，啃个不停。由于宝宝身体活动范围的扩大，所以这个时期也是开始理解立体感、距离感、方向感的时期。宝宝的目光会跟随掉落的物品，看看它究竟会掉到哪里，能试图去捡起自己掉落的玩具。

　　另外，这个时期，宝宝的手指开始变得灵活，会使用自己的大拇指拿东西。虽然还不能拿起小物件，但能够很灵活地拿起稍大一些的物品（直径2～3厘米的物品），也能双手一起使用。

 满足宝宝的好奇心、探索欲

　　宝宝的好奇心开始增强，对玩具非常着迷，经常会自己一个人静静地玩。而且开始特别喜欢和家人在一起。在这个时期里满足宝宝的探索欲、好奇心是非常重要的。所以父母要给宝宝创造一个能够自己独自玩，并且安全的空间，让宝宝尽情地去探索事物。

　　在这个阶段，父母能够腾出时间做点其他的事情了。同时这个月龄的宝宝开始对父母产生依赖，特别是不愿意和母亲分离。

独自玩也很高兴

🍄 **能够辨别亲人和陌生人**

　　这个月龄的宝宝能够辨别亲人和陌生人。见到陌生人会表现出严肃、紧张的神态，甚至表现出恐惧、尖叫、哭叫等，这些都是认生的表现。但千万不要因为他认生，而避开去陌生的环境与陌生人接触。要让宝宝多和他人接触，养成和他人交往的习惯是必要的。但也不要强制或逼迫他们与陌生人交往，而是要让他们有一个慢慢适应陌生环境及陌生人的过程。父母也不要太过在意宝宝的认生反应。

🍄 **游戏的目标和注意事项**

　　父母们要有固定的时间陪宝宝做游戏，这些时间最好安排在每天的相同时刻，以便帮助宝宝养成习惯，时间控制在30分钟左右。如果宝宝很喜欢玩的话，可以1天2次。固定的时间可以让宝宝养成习惯，培养规律性。在和宝宝玩的过程中，父母要观察自己的宝宝适合做哪些游戏，喜欢做哪些游戏，千万不要勉强宝宝去做。如果宝宝对某个游戏很感兴趣的话，可以延长时间，这样能够提高宝宝的专注力。

　　另外，这个时期的宝宝对模仿大人说话非常感兴趣，所以父母可以在做家务、吃饭或散步时多跟宝宝进行语言上的交流。

　　本章介绍了5种亲子游戏，请家长每天从这些游戏当中选出一个进行。

　　通过本章的游戏训练能够让宝宝学会独立坐起。

6～8个月

视觉功能训练

能区分事物，具备直观思考能力

他会对看到的事物产生好奇，会直观地思考"每个物体有不同的名称""如果这样的话就会变成那样"，等等。

游戏 1

可将家中的水壶（没装水的）、锅、勺子、水杯、木梳、杂志、明信片、布等日常用品当作玩具给宝宝玩。这是教宝宝认识物品名称并与物品的功能联系起来的好时机，不但要教宝宝这个叫什么，还要教宝宝这个是用来做什么的。即使宝宝还不会说话，但可以教宝宝认识事物，对宝宝的智力开发有很大的促进作用。

🐦 小贴士

这个阶段的宝宝非常喜欢家里摆放的物品，特别是厨房里的物品。在和宝宝玩的过程中，家长一定要有耐心，要反复地教宝宝"这个是炒菜的锅""这个是用来装水的水壶""这个是用来吃饭的勺子"等。但在玩的过程中，家长一定要照看好宝宝，千万不要让宝宝受伤。

游戏 ②

这个东西一晃就"哗啦哗啦"地响呀

给宝宝玩一些能发声的玩具（铃铛、拉绳音乐盒、木琴等），当他在打击或摇动铃铛时，会发现这些物品可以发出声音。此游戏可以让宝宝从有趣的玩具中理解"因果关系"。

游戏 ③

洗澡时给他玩一些可以浮在水面上的玩具

小贴士

这个阶段的宝宝对自己所看到的事物都充满着好奇。因此，可以通过游戏让宝宝去学习思考。但他不会像大人那样具有很强的逻辑性。他喜欢在玩的过程中思考"如果这样就会变成那样"，让宝宝在游戏中慢慢感受事物。

视觉功能
训练

游戏 4

游戏 5

将一些玩具放置在宝宝身边不同的位置上，然后让宝宝自己去拿想要的玩具。大人也可以在旁边给宝宝下指令，如"宝贝，把那个积木给妈妈拿来""去拿那个小汽车"，等等。

可经常抱宝宝到穿衣镜或梳妆台前照镜子，逗宝宝与镜中的自己碰碰头、拉拉手，告诉宝宝镜中的小伙伴就是宝宝自己，让宝宝观察身体的活动过程或形态变化，比较妈妈的身体活动和宝宝的身体活动。还可以通过镜子来教宝宝认识五官。此游戏可以帮助宝宝发现自我，认识自我。

游戏6

大人跟宝宝面对面坐好,然后把事先准备好的两块积木分别放在他的左右两只手上,当宝宝能很好地抓住这两块积木时,可以再给他第三块积木。如果宝宝这时不知道怎么接大人给的第三块积木的话,大人可以去拿宝宝的手中积木,然后再将第三块积木给他,教宝宝如何去接第三块积木。此游戏可以培养宝宝的反应能力和逻辑推理能力。

🐦 **小贴士**

在这个阶段,可以通过游戏的方式教宝宝认识事物,了解事物的名称。比如"这是小汽车""这是积木""这是哗啷棒",等等。另外,在做游戏的过程中,还可以教宝宝认识自己身体各部位的名称。虽然这个阶段的宝宝还不会说话,但已经开始理解语言,因此家长要帮助宝宝逐渐建立起语言与动作的联系。要多跟宝宝交流,在和宝宝一起玩的时候,大人可以说"宝贝,把那块积木给妈妈好吗?"如果宝宝听懂了指令,大人可以说"谢谢宝贝,宝贝真棒!"此游戏的目的是在宝宝开口说话之前培养宝宝理解语言的能力。

视觉功能
训练

游戏 7

跟宝宝玩变魔术游戏。把宝宝喜欢的玩具拿在手里或藏在身后，让宝宝寻找玩具。

游戏 8

教宝宝用自己的小手去遮自己的眼睛，然后大人说"变变变，小手不见啦！"将宝宝的手拿下来。然后说"啪"，将宝宝的手拿到他面前。

小贴士

　　这个阶段的宝宝能够开始理解语言，只要说"变、变、变"他就知道东西会不见了，只要说"啪"就知道东西会出现。通过动作能够帮助宝宝建立语言和行为的联系，对宝宝来说也很容易理解，所以宝宝会很喜欢这样的游戏。

游戏 ⑨

训练用拇指和食指拿东西

真棒!真棒!

妈妈可以帮助宝宝

从碎的饼干块中拿出一块放在桌子上,如果宝宝伸手去够的话,大人要把饼干放在宝宝的拇指和食指之间,来训练宝宝的小手灵活性,提高精细动作能力。

游戏 ⑩

哪个是花?

给宝宝看带有水果、小花、小汽车图案的杂志或画册。

🐦 小贴士

　　为了让宝宝能通过视觉直观地了解事物的存在,家长要多给宝宝看一些实物的照片。因为通过照片能让宝宝看到日常看不到的东西,所以宝宝会非常感兴趣。

6～8个月

听觉功能训练

喜欢重复的游戏

喜欢出声的玩具，能够辨别出不同物体所发出的声音。经常和宝宝对话是非常重要的。

游戏 1

哗啦！　哗啦！

让宝宝玩哗啷棒，或者给他一些柔软的纸、铝球，让宝宝去抓、撕扯，通过听撕扯时所发出的声音来提高宝宝听觉功能。

游戏 2

给宝宝玩带有铃铛的球。

游戏 3

给宝宝玩能用手握住的发声玩具。

游戏 4

声音在哪里呢？　铃铃铃　咦？

大人在宝宝的四周摇晃铃铛或哗啷棒，制造出声音然后问宝宝："咦？这是什么声音？"并让宝宝寻找声音的来源，来训练宝宝的反应能力。

小贴士

据说宝宝的听觉神经在出生之前就已经发育成熟，他可以从不同角度听不同的声音，也能感觉到声音微妙的变化和来自不同方向的声音。

6～8个月

感觉功能训练

让宝宝体验不同的感觉

宝宝开始会爬，身体活动范围扩大。可让宝宝多爬，多接触大自然。

游戏 1

在给宝宝洗澡时，宝宝会用手去撩水，这时大人不要阻止宝宝，要一边笑一边享受这样的氛围。如果大人感到吃惊，会让宝宝感到不安，变得不喜欢洗澡。

游戏 2

给宝宝玩带孔的玩具，把宝宝小手放进孔里，让宝宝用手去感受物体。

游戏 3

带宝宝走进大自然，让他摸摸道路、石块、树干、花草、树叶、小动物的皮毛等。

游戏 4

我要
我要

双腿交叉

让宝宝平躺在床上，然后在床上放一个他喜欢的玩具。这时，如果宝宝不会侧转，大人可将宝宝的右腿搭到左腿上，帮助宝宝翻过来去取玩具。（交叉宝宝的双腿，帮助宝宝翻身）

游戏 5

清理宝宝周围能够得到的地方

咕噜
咕噜

让宝宝躺在毯子上，然后大人将手放在宝宝的腋下和腰部，从右向左或者从左向右翻滚宝宝。

小贴士

宝宝在这个阶段能够翻身和匍匐爬行，身体活动范围变大。大人要时刻关注着宝宝，同时大人应当把宝宝手够得到的地方清理一下，拿走一切易被宝宝吞食或可弄伤手指的物件，比如剪刀、烟缸等危险的物品，给宝宝创建一个安全的活动空间。

模仿能力训练

建立语言基础是最重要的

宝宝开始模仿大人讲话，咿呀学语啦！如果宝宝开心地笑，妈妈也跟着一起笑吧！

游戏 1

教宝宝说"拜拜"时挥挥手，说"欢迎"时拍拍手等。如果宝宝不会的话，大人可以举起宝宝的小手一起做。这样做能够加深宝宝对语言的理解。

游戏 2

一边说"1、2，1、2"，一边有节奏地和宝宝拍手。

游戏 3

将宝宝放在大人的腿上，脸朝向大人，然后"哇"，举起宝宝。

游戏 4

教宝宝吹口哨，宝宝会模仿大人的口型发出"咻咻"的声音。

游戏 5

教宝宝单指弹玩具钢琴，然后让宝宝自己动手弹。

小贴士

这个阶段的宝宝，由于手眼协调能力增强，特别喜欢做与手有关的小游戏和带有节奏感的动作。

6～8个月

拓展游戏
训练

培养宝宝的勇气

要时常鼓励、表扬宝宝，来提高他的积极性。

游戏 1

宝贝，一个人玩一会儿好吗？

我能够自己玩

在准备饭菜时，妈妈可让宝宝在自己的游戏空间内玩。

游戏 2

是爸爸！

在爸爸剃胡子的时候，可以让宝宝在一旁看着。

小贴士

当大人要去做饭，准备离开宝宝时，一定要对宝宝说："妈妈去做饭了，你一个人玩好吗？"然后再离开。虽然宝宝还不能做出反应，但是他能够理解妈妈的语意。如果饭做好了，妈妈要走到宝宝身边对他说："饭做好了，宝宝真乖。"

游戏③

让宝宝站在大人的腿上，脸朝向大人。然后大人将手放到宝宝的腋下，一边唱歌一边带着宝宝有节奏地蹦跳。

游戏4

大人将手放到宝宝的腋下，然后做飞机起飞的动作，一会儿高，一会儿低，这时大人的身体也要随之相应地蹲起。

游戏5 抱住宝宝，然后慢慢地一起转圈圈。

小贴士

　　前面的章节也曾介绍过，在做游戏4的时候，家长的手绝不要离开宝宝的身体，如果松开了，会让宝宝感到不安和恐惧，就会变得不喜欢做游戏了。

从动作中学习语言

　　人类学习语言的过程被称为语言的刷新。父母的言行举止是宝宝学习的重要模仿对象。因此要让宝宝在观察和模仿父母的言行过程中，自然地学会各种社交技能。这个时期的宝宝仍还听不懂父母的语言。例如，和宝宝玩时，你跟他说"把嘴张开"，这时他不明白你在说什么。但是，在餐桌前，大人只要把勺子放到他的嘴边对他说"张开嘴巴"，或者大人做出"啊"的口型时，他就能够明白是什么意思。

　　因此这个阶段的宝宝是从动作中学习语言的。在和宝宝说"这里""那里""没了"的时候，如果大人用肢体语言的话，宝宝就会模仿大人的说话方式，这样可为宝宝的讲话做准备。

　　宝宝开始说话的时候，有时一个词表达好多种意思，比如在叫"妈妈"的时候，他也许是要喝奶、要点心或要水。当大人判断宝宝是想喝水时，不要刻意地去纠正他"不是妈妈，是喝水"，可以边给他水边说"知道了，宝宝是想喝水啦"，这样做可以帮助宝宝增加自信心。

 身体活动能力增强

　　这个月龄的宝宝能够自己翻身、爬行、稳稳地坐起，是模仿能力最强的时期。手部动作也变得灵活，能够用大拇指和食指捏起小的东西，并且

给宝宝增加勇气

喜欢用手指去触碰各种物体。如果有兄弟姐妹的话，在这个阶段，小的孩子会模仿大的孩子的动作和语言。大的孩子往往会因小的孩子碍事，而出现打架、欺负等行为。这时大人如果出来保护小的孩子，大的孩子就会感到很失落，觉的大人只疼爱小的孩子。长此以往，大的孩子就会变得越来越讨厌小的，从而破坏了兄弟姐妹之间的感情。所以在这时，即便小的孩子哭，大人也不要立刻去抱起他。要先询问理由，"你俩为什么打架了？"当看到两个孩子和好如初时，大人一定要表现出高兴的表情，并向孩子们传达"看到你们和好了，妈妈真是高兴极了。"大人鼓励的话语可以让孩子们在一起和谐地相处。

🍄 游戏的目标和注意事项

在这个阶段，家长跟宝宝做游戏的时间可以延长到45～60分钟。一个游戏尽可能多玩一会儿。本章为此阶段的宝宝设计了空间游戏、模仿和语言游戏、认知游戏等。请家长每天选择一个游戏跟宝宝玩。如果在这个阶段里，宝宝能够独立站起，或者独立行走一两步的话，可以进入下一阶段的游戏。

9~11个月

视觉功能
训练

游戏能够刺激
运动神经发育

鼓励宝宝主动去拿东西，或者让宝宝帮忙找东西。通过激发活动行为，来锻炼宝宝的视觉神经发育。

游戏 1

抓
抓
抓

鼓励宝宝用手去抓饭，来锻炼宝宝的拇指和食指的灵活性。

游戏 2

如果宝宝会使用勺子，可以让宝宝自己用勺子吃饭。首先，大人要教宝宝正确的用勺方式，然后让宝宝学着做。一开始，也许宝宝会将食物洒到外边，这时大人千万不要责备宝宝，要多鼓励宝宝。这个阶段的宝宝，手眼协调能力会变得越来越好。

真好吃！♪

张嘴"啊"

游戏 3

把玩具给妈妈

这个给小布

跟宝宝做交换玩具的游戏。在玩的过程中，大人可以跟宝宝说："把你手里的玩具给妈妈吧！""妈妈把这个给小布。"这时大人也不要再使用"宝宝""宝贝"这样的昵称，最好叫他的名字。

游戏 4

什么出来啦？

将玩具放进大盒子里，然后再拿出来。反复操作，让宝宝模仿。

游戏 5

啪！

球...
球...

把球扔到正在爬行的宝宝面前，让宝宝学着自己扔玩具。

小贴士

　　宝宝在这个阶段都喜欢扔东西。不论是什么东西，只要宝宝拿到手里，看几眼之后就会把东西扔到地上。而这时宝宝会高兴得手舞足蹈。扔东西是宝宝"学习"的一种方式，扔可以提高宝宝的臂力、投掷能力，使手眼动作更协调。

　　另外宝宝在扔东西时，大人不要马上捡起来给他，这样宝宝会养成依赖大人的不良习惯。如果宝宝表达出想让大人帮他捡的时候，大人也不要马上去捡。要先问宝宝："是想让妈妈帮你捡吗？"然后再帮他捡起并递给他。

游戏 **6**

爸爸的耳朵在哪里？

指五观。爸爸指着自己的耳朵说："这是爸爸的耳朵。""爸爸的耳朵在哪里？你用手指一指。"然后还可以问"宝宝的耳朵在哪里？"教宝宝学习用手去指。用同样的方法教孩子指出鼻子、眼睛、嘴等。

游戏 **7**

把勺子放进杯子里

给宝宝一个杯子和勺子，然后对宝宝说出指令："把勺子放进杯子里。"如果宝宝不明白，大人可以示范给宝宝看。

游戏 **8**

这样？

给宝宝一个杯子和数块2～3厘米大的积木。如果宝宝不会将积木放进杯子里，大人可以指导宝宝去做。

游戏 **9**

画画

给宝宝一张白纸和一个蜡笔。如果宝宝不知道该怎么做，大人可以示范给宝宝看。

9～11个月

听觉功能训练

配合着音乐的节奏与旋律做游戏

这个阶段是宝宝语言发育的萌发期。可以通过简单的指令或问题来促进宝宝语言的发育。

游戏 1 打开录音机或CD播放一段音乐，然后大人可以引导宝宝随着音乐的节拍左右晃动身体，时间控制在10 ～ 15分钟。

小贴士

这个阶段的宝宝已经具备一定的节奏感，他能够配合着音乐晃动身体。音乐可以激发宝宝的欢乐情绪，能够培养宝宝对音乐节奏的感受力。另外，音乐也能同时安抚大人和宝宝的情绪，所以家长可以经常一起跟宝宝听音乐。

听觉功能
训练

游戏2

哗啦哗啦

给宝宝玩用塑料做的钥匙链，让宝宝感受钥匙之间碰撞发出的声音。

游戏3

让宝宝听表针的声音，大人可配合着节奏左右晃动身体，让宝宝模仿。

嘀嗒，嘀嗒

游戏4

看，飞机

带宝宝去户外，让宝宝听小鸟的叫声或飞机发出的声音，并告诉他"这是小鸟""这是飞机"等。

游戏 5

对宝宝发出简单的指令。比如，"帮妈妈把鞋子拿来。""把那个小熊给妈妈拿来。""把那块饼干给爸爸。"等。起初，也许宝宝还不能理解说话的含义，只会简单的模仿，但通过反复练习，宝宝能够慢慢地懂得简单语言的含义。

游戏 6

要经常询问宝宝"是不是尿了呀？""想尿尿吗？""饿了吗？"等。起初宝宝会做出心情不愉快、扭屁股、睡眼惺忪等表情动作，经过一段时间，宝宝就能够做出明确的动作来表达"是"或"不是"。

🐤 小贴士

　　让宝宝学会点头和摇头的动作。大人可以示范宝宝看。告诉宝宝说"是"时要点头，"不是"时要摇头。然后让宝宝模仿"是""不是"的动作。如果宝宝做错了，大人要予以纠正。

9~11个月
感觉功能 训练

**满足宝宝的好奇心，
经常带宝宝去户外吧！**

当宝宝感到吃惊时，他的语言中会带有感情色彩。

游戏 1
常带宝宝到户外去接触大自然。比如道路、沙子、花草、树叶等。可以开阔宝宝的眼界，进一步增进宝宝认知事物的能力。

游戏 2
让宝宝在大的床、木质地板，或铺上毯子、泡沫的地板垫上面练习爬行。但要注意的是，凡是宝宝能够得着的地方，不要放置任何危险物品。（如电器、烟缸、易被吞食的小物件等。）

游戏 3

给宝宝玩（没装水的）水壶、（炒菜用的）锅、盖子、铝箔纸、纸巾、报纸等，让宝宝感受不同的事物。但要注意的是，给宝宝的物品不要带刺儿、尖儿，以免划伤宝宝。

游戏 4
抱起宝宝，和宝宝随着音乐的节奏一起跳舞。

9～11个月
模仿和语言功能训练

可借语言游戏来增加宝宝的词汇

可以说一些简单的语言让宝宝模仿。但千万不要勉强宝宝去做。

游戏 1

大人要注意动作与语言的搭配。可以教宝宝一边挥手一边说"拜拜"。

游戏 2 微笑地对着宝宝发出"a""u"等单音节，让宝宝模仿。

游戏 3 当家里来客人时，可一边挥动宝宝的小手一边说"你好"等表达基本礼仪的语言。

游戏 4

喂喂喂

为宝宝准备一个可以按的玩具电话。大人装作打电话的样子，对着电话说"喂喂喂"，让宝宝模仿。

游戏 5

真好喝

嗯

大人拿起杯子假装喝水，边喝边说"嗯，真好喝"，然后将杯子递给宝宝，让宝宝模仿。

游戏 6

一，二，一

给布娃娃做体操"一，二，一"，然后让宝宝模仿。

游戏 7

不见了！
不见了！
啪！

大人一边说"不见了，不见了"，一边用双手遮住自己的脸，然后说"啪"时放下双手。

游戏 8

是哪个？

这个手指是爸爸！

告诉宝宝五个手指分别是家里的五个成员，然后伸出手让宝宝指。例如，这个手指是爸爸，这个手指是妈妈。

小贴士

在玩手指游戏时，起初宝宝会不理解手指名称的含义，但通过长时间的反复练习，宝宝能够发出"爸爸""妈妈"双音节词。这个阶段的宝宝能够区分熟人和陌生人。

游戏 9

阿嚏

呼呼

咳咳

喂喂

让宝宝听"阿嚏""咳咳""呼呼"等打喷嚏、咳嗽、深呼吸时所发出的声音。

游戏 10

啊

嘘！

大人将手靠近嘴边发"啊"，或者将食指靠近嘴唇发"嘘"，让宝宝模仿说话时的口型及动作。

空间理解训练

开始理解空间、距离、方位

从感知的右脑慢慢发展到用来思考的左脑。

游戏 1

嘿！藏在身后？

小汽车去哪儿了？

大人和宝宝面对面坐着，先拿出一个玩具给宝宝看，然后当着宝宝的面把玩具藏在自己的身后，让宝宝去找。观察宝宝的反应，是否去大人身后寻找玩具。

游戏 2

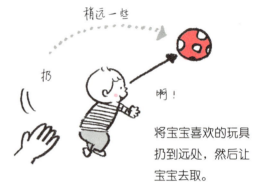

稍远一些

扔

啊！

将宝宝喜欢的玩具扔到远处，然后让宝宝去取。

游戏 3

够得到吗？

把宝宝带到楼梯旁，然后将玩具放到第二个台阶上，让宝宝去够玩具。初学时宝宝只能上一个台阶，经过反复练习，宝宝慢慢能上第二个台阶。

游戏 3

阿阿！

上去了

欢欣雀跃

下来了

大人扶着宝宝腋下一边说"上去了"，一边将宝宝举过自己的头，然后一边说"下来了"，一边将宝宝放到自己的腿上。

游戏 4

套在这里

玩套环。给宝宝示范将套环套在柱子上。边套边数"1、2、3"，套完后再一个个取出来让宝宝学着自己动手。

🐦 **小贴士**

宝宝虽然还不理解空间上的距离，但可以通过游戏帮助宝宝掌握对空间方位的认知。

9~11个月

自我认识训练

开始认识自我

让宝宝慢慢认识自己身体各部位的名称，区分自己和他人。

游戏 1

纯子的眼睛呢？

带宝宝到镜子面前，然后指着宝宝的眼睛、鼻子、嘴、耳朵等，告诉宝宝这些器官的名称。然后问宝宝："纯子的眼睛呢？"引导宝宝指出自己的眼睛。

游戏 2

拍打

宝宝照镜子时，可以给宝宝一块饼干，让宝宝看自己吃饼干的样子，然后让宝宝指出嘴、舌头、牙的位置。

小贴士

这个阶段的宝宝特别喜欢照镜子，能够区分自己和他人。可以通过照镜子来帮助宝宝认识自我。

拓展游戏训练

要多带宝宝出去走走，扩大宝宝的活动范围

可以让宝宝学着与家人以外的人接触和交往。

游戏 1

将宝宝放到婴儿车里，带宝宝去户外散步。

游戏 2

带宝宝去逛百货超市，或去朋友家玩，锻炼宝宝的社会交往能力。

游戏③

请小朋友到家里一起玩。虽然这么大的孩子还不能很好地在一起玩，但他们还是很喜欢和小朋友在一起的。

游戏④

让宝宝看着闹钟，妈妈边做示范边跟宝宝说："按这里，闹钟就会响，再按一下，响声就停止。"然后让宝宝学着自己动手。

🐦 小贴士

要让宝宝知道世界上不仅有爸爸妈妈，还有其他人的存在。让他慢慢从爸爸妈妈的身上转移出来。家长可以带宝宝到外边观看比他大一点的哥哥姐姐玩耍的情景，他一定会很感兴趣。这种心情愉悦的观看也是一种积极的情感体验，可以刺激宝宝的大脑，有利于大脑的发育。

游戏 5

这个是什么？

咯咯咯……

大人可将发条玩具上弦后放到宝宝面前，当玩具停下来时宝宝会想"这是怎么回事呢？"以此来启发宝宝的想象力。如果宝宝将玩具递给大人，大人可以再次帮他上弦。（在这个阶段，即便告诉宝宝玩玩具的方法，他也是不能够理解的，所以在这个阶段需要大人一直帮宝宝上弦。）

小贴士

这个阶段的宝宝会时刻观察大人的活动，并开始模仿。因此，家长可以示范玩玩具给宝宝看。让宝宝体验玩玩具的过程，从玩具中学习事物的因果关系。

Part6　12～14个月

 ### "不行"说得越多，越会带来相反的效果

在这个阶段，父母要把宝宝当作家庭中的一员，开始教他什么该做，什么不该做。这个月龄的宝宝能够独自站起，拉着一只手就能够走路，拉着两只手可由坐位站起来等，运动能力明显提高。同时由于活动范围逐渐扩大，喜欢到处看看、摸摸，或把东西放进嘴里。对危险的动作，父母应该用严厉的语气、严肃的面孔禁止宝宝去做，使他知道什么是不可以碰的，什么是不可以吃的。但由于这个阶段的宝宝还不能理解语言的含义，可能会继续犯同样的错误。这时，父母要注意的是千万不要只对他说"不行"，要说"这样做是不可以的""摸那个是很危险的"等。如果父母对什么事都简单明了地说"不行"，这样会使他学会以做不该做的事情来吸引父母的注意力。所以"不行"说得越多，往往越会带来相反的效果。

要冷静地应对

为了能让宝宝遵守家中的规矩，父母在管教时不要太冲动，要学会冷静地去对待。例如，宝宝在妈妈的梳妆台玩时，大人要心平气和地跟宝宝说"这里是不可以玩的。"然后把宝宝抱到别处，告诉他"这里是可以玩的。"如果宝宝再次去了梳妆台，大人也要冷静地对待，要耐心地跟宝宝讲道理，慢慢让宝宝学会遵守家中的规矩。

学习家庭中的规矩

 ## 教宝宝正确的发音

这个阶段是宝宝模仿能力最强的时期，因此我们可以通过做游戏练习宝宝的会话能力。父母不要教宝宝"儿语"，要将物体名称的正确发音教给宝宝，但并不是去要求宝宝的发音都正确。

宝宝的说话能力是把所听到的大量词汇，通过各种体验逐渐积累、理解而形成语言的。所以父母可以在生活中就地取材教宝宝语言。指实物教宝宝是学习语言最有效的方法。当宝宝想知道这个是什么的时候，他便学会自己用手去指。如果宝宝用手去指物体的时候，父母一定要正确地告诉宝宝物体的名称。

一般情况下，父母如果没有按宝宝要求回应时，宝宝就会想方设法地去表达，就会发出音节，慢慢地就能够说出简短的单音节词了。

游戏的目标和注意事项

家长可每天从本章所介绍的游戏中选择一个游戏跟宝宝玩。1天2次，1次1小时左右。如果宝宝能够独自行走，独自搭2~3块积木，那么家长可以进行下一阶段的游戏。

视觉功能训练

"看"与"动"需同时训练

这个时期是宝宝运动神经发育的黄金时期，如果宝宝想自己动手，那就让他自己做吧。

游戏1

昊昊去哪儿了？

找到昊昊了！

找宝宝。当宝宝躲到椅子或桌子的下面时，大人要一边找一边说"××在哪儿呢？"如果找到宝宝了，要说"找到××了"。

游戏2

娇娇，球要滚过去了

大人和宝宝面对面地坐在地面上，中间保持2米左右的距离。首先大人要把球滚给宝宝，然后一边对宝宝说"把球滚给妈妈"，一边用手模仿滚球的动作，鼓励宝宝把球再滚给大人。

小贴士

这个阶段的宝宝虽然还不能很好地说话，但能够理解父母简单的语言。另外，对理解物体的空间距离、位置的能力也明显增强。宝宝通过和父母一起做游戏，能够感受到父母对他的关爱。所以家长要把更多的爱和关心传递给宝宝。

游戏 ③

准备一张硬纸板和一个玻璃球，用硬纸板搭一个斜坡，然后让宝宝将玻璃球放到硬纸板的上端，观察球自然滚落。（注意：千万不要让宝宝将玻璃球放进嘴里）

游戏 ④

准备几块长、宽、高各3厘米大小的积木，大人示范着将2～3块积木垒在一起，然后让宝宝学着自己动手垒积木。

视觉功能
训练

游戏 5 将积木连成一排，摆成一串长火车，大人一边发出火车的声音"呜呜……"，一边向前推。

呜呜
呜呜

游戏 6

抓泡泡。可以自制肥皂泡，大人吹，让宝宝在一旁看着，当泡泡飞上天空时，他会主动去抓泡泡。

游戏 7

把这个放进这里

让宝宝玩简单的图形配对玩具（如三角形、正方形、圆形等），将相应形状的几何图形放入相应的嵌槽里。首先大人示范给宝宝看，然后让宝宝学着自己动手操作。

游戏 8

慢慢地放上去！

准备几个小布兜，一个一个往上放。大人示范给宝宝看，然后让宝宝学会自己做。

游戏 9

从上往下按顺序叠好

准备一个叠高玩具，让宝宝按照顺序依次取下来，然后鼓励宝宝再依次套进去。起初他也许不会按从大到小的顺序套上去，这时，大人不要着急责备他，给宝宝点时间，反复练习自然就能够按照大小顺序成功套好。

视觉功能
训练

游戏 10

给宝宝一个瓶子和一些小饼干，然后让他将小饼干放入瓶子中，接着再给他一张纸或者比瓶口稍微大点的球，让他尝试着往瓶子里放，看看是否能放进去。通过这个游戏让宝宝认识物体的大小，让他知道大的物体放不进小的容器中去。

游戏 11

当宝宝会将物体放进去了，再请他将瓶中的物体取出来。也许宝宝并不明白怎么能将瓶子里的物体取出。这时，妈妈可以给宝宝做示范，边做边告诉宝宝："将瓶子倒过来，瓶子里的物体就能出来啦！"然后让宝宝模仿着做。

这是水，要把水倒进水杯里

我や画

画画

准备2个水杯，1个空水杯，1个装有水的水杯。将装有水的水杯里的水倒入空水杯中。大人示范给宝宝看，然后让宝宝学会自己动手做。

给宝宝一张大白纸和一根蜡笔。大人在纸上画线，让宝宝模仿着画。

🐦 **小贴士**

　　首先给宝宝蜡笔的时候，不要把所有颜色的笔都给他，如果都给他了，他就会对笔感兴趣，不会专心地画画了。

听觉功能训练

12～14个月

跟宝宝一起听音乐

宝宝特别喜欢听新的音乐。听音乐可激发大脑潜能，有利于大脑发育。

游戏 1

嘀嗒嘀嗒

让宝宝听表针发出的滴答声。把表贴在宝宝耳边，并说："嘀嗒，嘀嗒，嘀嗒。"

游戏 2

嘀嗒嘀嗒

按照秒针的节奏边走边说"嘀嗒嘀嗒"。

游戏 3

娇娇看上去真高兴

快、慢

给宝宝玩能用手敲打的乐器。大人可随着节奏的快慢，音调的高低拍手，让宝宝模仿。

游戏 4

给宝宝玩木琴。宝宝可能会一边敲击木琴一边"哼哈"地唱歌。

游戏 5

娇娇，帮妈妈关门

妈妈可向宝宝发出指令，比如"把门关上""帮妈妈拿鞋子"等。通过这种要求来帮助宝宝加深对语言的理解。

嗅觉功能训练

用嗅觉理解事物

嗅觉也是五感之一。它不但能刺激大脑，促进大脑发育，还能帮助宝宝理解事物。

让宝宝尝试去闻不同的味道。大人可以给宝宝闻一闻味道较为浓烈的玫瑰花、玉兰花、香蕉、苹果、醋等，来锻炼宝宝的嗅觉和味觉。

模仿能力训练

理解一对一的关系

大人在给宝宝读绘本时不仅要加上动作，而且还要声情并茂。这样有利于刺激脑情感功能区，促进大脑发育。

游戏1 家长做下面的动作示范给宝宝看，让宝宝学着模仿。

用手指敲桌子

张开闭合

将手张开、闭合

能做到吗？

弯曲食指

做眨眼动作

做紧鼻子动作

做拉耳垂动作

拍拍妈妈的脸蛋。

大人用一只手的手指尖去敲另一个手。

轻轻敲一敲妈妈的膝盖。

🐤 **小贴士**

这个阶段的宝宝在模仿动作时会很兴奋，而且他还能从模仿中学到很多知识。比如说，手和手指的运用，脸部表情的变化，皮肤的感觉等。因此在这个阶段，家长不要尝试让宝宝模仿写字。

自我认知
训练

通过用手指物能够增加对语言的印象

用手指物并说出它的名字，有利于宝宝语言的习得。将宝宝想要认识的事物用手指出来，并告诉他吧。

游戏 1

纯子的鼻子

鼻子？

教宝宝用自己的手指五官。一边指着宝宝的鼻子一边说："这是纯子的鼻子。"指着宝宝的嘴说："这是纯子的嘴巴。"然后反过来再问宝宝："纯子的眼睛在哪里？"，等等。

游戏 2

这是什么？

妈妈指着自己的眼睛问宝宝："这是什么？"同样的方法，还可以拿来玩具小熊，指着小熊的眼睛问宝宝："这是什么？"

游戏 3

小狗的眼睛在哪里？

让宝宝看图册，看到小动物时，大人可以问宝宝"小狗的眼睛在哪里？"然后再问："纯子的眼睛在哪里？"

游戏 4

让宝宝看自己的牙齿

让宝宝坐在镜子前面，对宝宝说："看看自己的牙齿在哪呢？"然后给宝宝点心，让宝宝照镜子吃，让他看吃东西时舌头活动的状态。

游戏 5

在镜子前面给宝宝戴帽子、换衣服，或者是换鞋，让宝宝看。

照镜子穿衣服

游戏 6

这个是谁？

大人用手指着宝宝问："这是谁？"教宝宝说出自己的名字。同样，指着自己问宝宝："这又是谁？"

小贴士

通过教宝宝认识物体，进一步让宝宝了解每个物体都有固定的名称。这样宝宝也就慢慢能够理解家人和自己都有各自的名字了。

语言功能训练

让宝宝体验语言交流中的乐趣

让宝宝了解通过语言的学习可以理解语言的含义，让他体验用语言交流的乐趣。从而进一步认识到，如果在语言的基础上加上动作，就会更容易与人沟通了。

游戏 1

> 抽屉在哪里？

告诉宝宝家里日常用品的名称。然后向宝宝提问："抽屉在哪里？"如果宝宝没能明确地指出，大人可以将宝宝带到抽屉旁，用宝宝的手指指着抽屉告诉宝宝："这是抽屉。"反复地教宝宝，让宝宝加深记忆。

游戏 2

> 谢谢娇娇！
>
> 给妈妈可以吗？
>
> 好的！

和宝宝做"给我，谢谢"的游戏。给宝宝一个玩具，然后大人装出想要的样子对宝宝说："给妈妈可以吗？"如果宝宝递给妈妈的话，妈妈要说"谢谢"。

🐦 小贴士

当对方为你做事时，应该向对方说"谢谢"予以回应。这是人和人交往最重要的表达方式。因此，家长应该对宝宝的行为说"谢谢"，这样不仅是对宝宝的一种肯定，还能增加宝宝做事情的勇气。

游戏3

这是小狗！
是的是的！
小狗在哪里？

跟宝宝一起看绘本或者动物画册时，大人可以一边指着图画一边教宝宝"这是狗""这是猫"，接着向宝宝提问，如"这里有狗吗？""狗在哪里？"如果宝宝指出画册中的狗，大人要说："是的，这是狗。"

游戏4

汪汪！
是的，那是狗！

让宝宝看小动物的亲子画册，告诉宝宝"这是狗爸爸""这是狗宝宝"。不要教他这是"汪汪"。如果宝宝说"汪汪"的话，大人要说"是的，那是狗"，让宝宝知道正确的名称。

游戏5

拜拜！
拜拜！
拜拜！

帮助宝宝建立语言与动作的联系。例如，爸爸上班时，妈妈教宝宝一边挥手一边说"拜拜"。通过语言与动作的联系，宝宝很容易理解送人时要挥手说"拜拜"。

12～14个月

拓展游戏训练

简单明了地表达

宝宝已经能够理解动作和语言的含义。这时家长可通过游戏，边玩边教宝宝学习生活中的规矩。

游戏 1

将几个小玩具装入杯子里，然后将杯子倒过来，这时玩具会一起从杯子里面出来。大人做示范让宝宝模仿。

游戏 2

和宝宝玩球。事前大人制造几处取球的障碍，例如沙发后面、凳子下面等，然后大人要故意将球扔到那里，然后对宝宝说："××去取球好吗？"游戏目的是为了让宝宝动脑筋去思考"怎样才能取到那个球呢？"锻炼宝宝的逻辑思维能力。

_____

_____

_____

_____

_____

游戏 ③

啧……

从右侧进去
从左侧出来

啧？

宝宝和大人之间用一个隔断隔开。然后将玩具小汽车从隔断的右侧驶入隔断后面，然后从隔断的左侧出来。起初，宝宝不是很理解，但经过反复操作，宝宝会对这个游戏非常感兴趣。

游戏 ④

我们一起晾毛巾吧！

教宝宝晾毛巾或用衣架挂衣服。

游戏 5

游戏 6

准备一块大的布和宝宝喜欢的串珠或项链。然后用布盖上，露出项链的一端，让宝宝寻找布下面藏的东西。

在床上放一个玩具，如果宝宝伸手去够的话，大人就用布将整个玩具盖上，然后对宝宝说："玩具在哪呢？"让宝宝找。如果宝宝不能够理解，也可以露出玩具的一端，让宝宝找。锻炼宝宝用脑思考"会不会在布的下面呢？"

游戏 7

玩具是哪个?

不可使用色彩鲜艳的布 ×

准备一块白色或灰色的布。将玩具藏在白色布的下面,然后让宝宝找玩具是在白色布的下面,还是在灰色布的下面。

游戏 8

去拿那个玩具吧!

拿! 拿!

让宝宝坐在带有把手的椅子上,然后在椅子一侧的把手上拴上一根绳子,将绳子的另一端系上一个玩具。对宝宝说:"去拿那个玩具吧!"如果宝宝没有去拉绳子的话,大人可以示范给宝宝看。然后让宝宝学着模仿。

小贴士

以上游戏避免选用色彩鲜艳的布。如果选用色彩鲜艳的布,就会转移宝宝的注意力,游戏就难以进行下去。

Part7 15～20个月

 走向"自立"的第一阶段

这个阶段的宝宝开始摇摇晃晃地走路了。虽然走得还不稳，但由于刚刚学会独自行走，兴致高涨，尝试新事物的积极性也很高。无论什么事情都想自己做，更喜欢独自一个人玩耍。

在这个阶段，父母要给宝宝创造学习新的生活本领的机会。如果这时宝宝想自己动手吃饭的话，那就让他自己吃吧！一开始难免会弄脏地板、饭桌、衣服，父母千万不要因为这些而训斥宝宝，这样会打消宝宝的积极性。这个阶段的宝宝仍还不能用杯子自己喝水，要多给宝宝练习的机会，宝宝是能够学会独自喝水、吃饭的。不要因为宝宝行动笨拙而指责宝宝，要及时给与宝宝称赞和鼓励。

另外，这个阶段的宝宝的活动能力越来越强，学会走路之后就喜欢到处走动，探索的空间变得立体、宽广，同时他也变得非常喜欢扔东西，也喜欢从台阶的上面往下蹦，爬上爬下的，小小的身体似乎充满着无穷的活力。这时的宝宝扔东西时，对大人马上捡起的动作已经不再感兴趣了。宝宝可以通过做游戏让身体的运动机能变得发达。因此，父母可以选择和宝宝玩投接球游戏。

 凸显"个性"

在这个阶段，有的宝宝喜欢摇摇晃晃地到处走，有的喜欢坐着玩，有的宝宝会变得很淘气……随着宝宝活动范围的扩大，"个性"也慢慢表现出来。

如果父母总是指责一个富有冒险和探索精神、精力充沛的宝宝不是好

不要遏制宝宝的好奇心

宝宝，就会使宝宝的内心与自己的个性发生冲突，从而变得不自信，甚至自卑。所以父母不要限制和否定宝宝，要尊重宝宝的个性。这样宝宝就会充满自信和快乐。

"离开"和"等待"是最有效的手段

这个时期的宝宝因为自我意识加强，想自己吃饭，摆弄东西，到处实验自己的能力和体力。若是受到妨碍或要求得不到满足，又不能用语言表达自己的意思时，就会发火哭闹，摔打东西。这时，父母不要训斥宝宝，要安抚他，这时候的训斥是不会让宝宝的情绪冷静下来的，反而会越发严重。如果父母安抚不起任何效果的话，此刻最好的处理方式是保持冷静，安静地离开，去另外的房间等待宝宝的情绪恢复稳定。让宝宝慢慢地明白，对自己的无理要求，爸爸妈妈是不会妥协的，哭或者发脾气都是没有用的。以后就不会再出现此类行为。

这个阶段也是培养宝宝良好生活习惯的好时机。如果父母的行为有一定的规律性，宝宝就会自然而然地养成一定的规律，也会对时间有所认识。比如，"现在是睡午觉的时间""现在是吃饭的时间""现在是洗澡时间"，等等。通过日常生活让宝宝建立时间概念。

游戏的目标和注意事项

本章所介绍的游戏可以加强宝宝独自行走的能力。父母可在上午和下午各抽出1个小时的时间跟宝宝做游戏。如果宝宝对游戏特别感兴趣，可以让他一个人玩，或者拜托他的小哥哥、小姐姐陪他一起玩。

15～20个月

运动功能
训练

要增加手指类的游戏

运用手指可以让手指变得更灵活。如果你的宝宝是左撇子，也不需要去矫正他。

游戏 1

玩黏土。玩黏土需要用手去揉、拧、压、撕、拉等，此游戏能够促进宝宝手部肌肉的发达，并且通过塑造不同形状和大小，激发宝宝的好奇心和想象力。

游戏 2

给宝宝几块3厘米大小的积木，摆成一串长火车，让宝宝玩。

游戏 3

玩玩具电话。教宝宝按电话号码给爸爸打电话，然后和宝宝对话。

游戏 4

可以给宝宝玩一些日常生活中使用的小物品。

游戏 5

汪汪！

给宝宝玩一拉就叫的小动物玩具。

游戏 6

滴！滴！

让宝宝玩可以拉着或扶着走路的玩具。

游戏 7

让宝宝看带有扣衣扣或拉拉链的画册。这样的书可以锻炼宝宝的实际动手能力。

游戏 8

串珠子。给宝宝准备一根粗线绳和一些带颜色的串珠，教宝宝一个一个地穿进去。

游戏 9

捉迷藏。带宝宝到户外，跟宝宝玩捉迷藏的游戏。

小贴士

这个阶段的宝宝开始能玩手指类的游戏。说明宝宝手指和手腕上的肌肉也开始变得发达、有力。

角色扮演游戏

父母跟宝宝一起玩吧

宝宝通过模仿渐渐地学习到很多的东西。因此需要父母和宝宝愉快地交流。

游戏 1

准备娃娃、玩具熊、塑料盘子、杯子等小玩具，和宝宝一起扮演吃饭时的场景。

游戏 2

模仿小动物。跟宝宝一起学小动物的动作，然后一边爬一边模仿小动物的叫声。

15～20个月

智力
训练

培养宝宝的逻辑思维能力

　　做一些能让宝宝自己动脑解决问题的游戏。家长不要在意游戏的结果，培养宝宝的观察力和分析问题的能力是最重要的。

游戏 1

　　准备白、灰、红三种颜色的布，并排铺在桌子上。然后妈妈将手中的玩具，按顺序分别从三块布的下面通过，最后放到第三块布的下面，让宝宝来猜。也可将玩具露出一点点，让宝宝能够看到玩具，来降低游戏的难度。

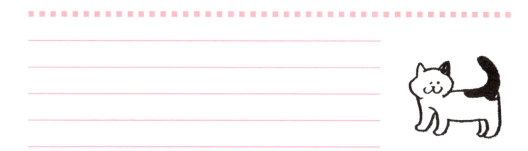

游戏2

猜猜这次还会在最后那块布的下面吗？

看看，这次是在哪里？

能猜到吗？

白色 → 灰色 → 红色

这次要将玩具完全盖上

这次要加深难度，不让宝宝看到玩具。游戏规则如同游戏①，将手里的玩具按顺序分别从三块布的下面通过，把手拿出的同时，将玩具藏在那块布的下面。顺序可从左到右或从右到左，但每次都要把玩具藏到最后一块布的下面，让宝宝猜。

智力
训练

游戏 3

用棍取物。让宝宝坐在桌子旁，将宝宝喜欢的玩具放在伸手够不到的地方，再在桌子上放一根长棍，对宝宝说："看看××能不能够得到那个玩具？"

游戏 4

准备大小不同的带盖子的箱子2个。将玩具放入小箱子里盖上盖子。然后再把装有玩具的小箱子放入大箱子中盖上盖子。最后问宝宝："玩具在哪里呢？"让宝宝找玩具。

小贴士

　　这种智力游戏不仅能训练宝宝的记忆力，还可以培养宝宝解决问题的能力。因此在游戏中，帮宝宝开动脑筋，用脑去想问题是最重要的。游戏设计的不要太难，宝宝愿意做，家长就能够轻松、愉快地和宝宝一起做游戏。

游戏 5

再找找看

试试其他的图形

放哪块，才能摆上呢？

玩拼图游戏。起初拼图数目不宜过多。先给宝宝玩3~4片大块的拼图。大人示范给宝宝看，然后让宝宝学会自己动手做。在宝宝拼拼图时，大人需要在旁边指点。但千万不要伸手帮他拿，可以在一旁说"看看那边的拼图"或者"再换一块其他的拼图看看"，反复练习。

游戏 6

和小梅脚上穿的颜色一样的袜子是哪个？

那个！

首先给宝宝的一只脚穿上红色的袜子（其他颜色的也可以），然后再拿来一只红色和一只黄色的袜子让宝宝看，问宝宝："和小梅脚上穿的颜色相同的袜子是哪个？"让宝宝选择。此游戏是训练宝宝辨别不同颜色的能力，提高宝宝的智力。

语言功能
训练

给宝宝创造说话的机会

宝宝通过实物和词汇的联系，懂得了语言的含义。因此家长要把日常生活会话作为重点。

游戏 1

从画册或图卡中找出有关日常生活用品的照片（如杯子、勺子、牙刷、香皂、盘子等），给宝宝看并教他这些物品的名称。尽可能挑选一些色彩鲜艳且接近实物的照片。

把橘子放入带有橘子图案的纸袋中

是那个吧？

准备橘子1个、带有橘子图案的纸袋1个，玩配对游戏

和宝宝玩图案与实物配对游戏。例如，准备1个橘子和1个带有橘子图案的纸袋。然后将橘子递给宝宝，对他说："把橘子放入带有橘子图案的纸袋中。"

这个是什么？

大人最好不要帮助宝宝

准备一个剪贴本和事前从杂志上剪下来的图案（如鞋子、勺子、筷子、椅子等）。然后拿着图片问宝宝："这是什么？"如果宝宝说出了物品的名称，就对宝宝说："把这张卡片贴到这个本子上。"即使宝宝贴得不好也没关系，大人不要去帮忙。

语言功能训练

游戏 4

让宝宝帮忙做事。比如给娃娃吃饭，帮妈妈拿鞋，等等。

游戏 5

大人一边用手指着宝宝的身体部位，一边问宝宝："这是什么？"例如，头、鼻子、眼睛、头发、嘴、脖子、膝盖、手、胳膊、脚、指甲、手指、脚尖、肚脐等。

游戏 6

大人要用简短易懂的词语描述事物。例如，当宝宝看到汽车时，告诉宝宝"汽车过来了"，当汽车开走了，告诉宝宝"汽车开走了"，或者大人可以通过行为告诉宝宝"妈妈在做饭""爸爸在看报纸""××在玩球"，等等。

小贴士

　　这个阶段的宝宝即使自己还不会说话，也能理解很多语言的含义，能记住简单的单词。因此，当宝宝让妈妈抱时，妈妈要看着宝宝说："是想让妈妈抱吗？"然后教宝宝回答："是的，想让妈妈抱。"

语言功能
训练

游戏 7

在生活中给宝宝灌输时间概念。如"睡醒了再玩吧""外出之前要去厕所""稍等一下""吃饭的时间到了",等等。

游戏 8

数手指。一边拨弄手指一边数"1，2，3，4"。

游戏⑨

吃饭时教宝宝礼貌用语,如"我要吃饭了" "还想要" "不要了" "我吃完了",等等。

游戏⑩

教宝宝对人的称呼。如"叔叔""阿姨" "男孩子""女孩子"等。

小贴士

　　宝宝开始从掌握简单的单词,逐渐地能使用较难的单词并灵活运用了,能在日常生活中和大人简单对话,听从大人的指令,表达自己的意愿等。因此在人与人的交往中,语言的习得是非常重要的。

不要使用"宝宝语"

幼儿语言发育是个渐进的过程。从咿呀发出"a""u"单音节，到"ma""bu"双音节，逐渐听懂别人的话，然后再学会说话。开始先说2、3个单词，如"妈妈""爸爸"，之后可组成句子。从会运用简单短语到会复杂长句。因此这个阶段的宝宝虽然还不能正确的发音，但父母也要使用正确的语音来教宝宝。如果因为父母能理解宝宝说话的含义，所以一直用"宝宝语"对宝宝说话，时间一长，错误的发音就会固定下来，很难改正。

为了让宝宝掌握正确的发音，家长要做到以下三点：

① 不要说"宝宝语"，教宝宝正确的发音；

② 如宝宝说错词，发音不正确时，要慢慢地纠正；

③ 要在宝宝说话的过程中不断指出错误，纠正用词。

批评往往会让宝宝失去信心和勇气。没有了信心的宝宝会变得口吃、不想说话，或在他人面前说话紧张，会因着急而越来越说不清楚。

如果父母不想刻意去纠正宝宝的用词，而是想让宝宝自己去发现错误并改正，那么给宝宝说话的机会是最重要的。本章所设计的游戏可以让宝宝在游戏中轻松、愉快地获取语言，让父母和宝宝在游戏中愉快地交流。

喜欢说话

 责任心萌芽时期

　　宝宝在幼儿阶段表现的各种主动尝试的愿望，正是责任心萌芽的表现。比如，自己独自走路，独自穿衣服，手脏了自己洗等。同时，随着身体肌肉越来越发达，能够自己用筷子吃饭。因此，在日常生活中，要培养宝宝的责任感。

　　另外，当宝宝做事情失败时，父母不要训斥宝宝，要用委婉的语言对宝宝说。例如，"我们不要打扰到其他人好吗？""和妈妈一起收拾吧！"，等等，让宝宝承担一定的责任。并且，这个阶段的宝宝还喜欢什么事都自己做，也能够用语言和大人交流。这个阶段同时也是感情、情绪剧烈动荡时期。宝宝会表现出害怕、生气、嫉妒、悲伤、苦恼、兴奋、高兴、喜悦、得意等情绪和情感。

游戏的目标和注意事项

　　这个阶段的宝宝正处于"平行游戏"阶段。即两个孩子在一个房间里玩，但没有语言和眼神交流，各玩各的。因此在宝宝和其他宝宝一起玩的过程中，家长不必着急让孩子之间进行交流，更不要督促宝宝分享玩具，一起玩儿。另外，家长要有规律地分配宝宝独自玩耍的时间和陪宝宝一起玩的时间。

　　本章的游戏目的是通过和宝宝做游戏来建立家庭规则。

手指功能训练

活动手指有利于促进运动神经发育

这个阶段的宝宝能够用手指做一些比较精细的动作，比如用手捏东西，抓东西时能够控制手部力量等。

游戏 1

小梅自己去开门吧！

教宝宝拧门把手。跟宝宝玩活动手指游戏，例如开灯，拧门把手开门，拧螺丝玩具。

游戏 2

放在哪里呢？

给宝宝玩带有图形的木质镶嵌玩具。

游戏③

玩拼图。可先从三片大块拼图开始教。如果宝宝能够独立完成，再逐渐增加到四片及多片。

游戏④

涂鸦。给宝宝提供蜡笔、铅笔、粉笔等，让宝宝随意涂抹。

运动功能
训练

增加户外活动

宝宝开始喜欢和人交往，对陌生的人或新事物产生兴趣。多带宝宝到户外活动吧！

游戏 1

带宝宝去户外玩。让宝宝自由跑、跳、攀登。

游戏 2

玩捉迷藏游戏。由于这个阶段的宝宝还不懂游戏规则，可以让他和大的孩子一起玩。

🐦 小贴士

这个阶段的宝宝，身体动作更加协调，语言也越来越丰富，可以说出简单的儿歌、诗歌等。能够自己吃饭，自己穿衣服。喜欢攀高，做一些调皮的事情。虽然还不能和小伙伴一起有交流地玩耍，但喜欢和小伙伴在一个屋子里玩。

游戏❸

一起用脚尖走路或做金鸡独立的动作，以此来锻炼宝宝的大肌肉动作能力以及身体的平衡能力。

游戏❹ 和宝宝边做动作边唱童谣或儿歌。

游戏❺

骑三轮车。

自我认知 训练

开始认识"自我"

宝宝自我意识的形成，不仅能够让宝宝对周围的人或事产生兴趣，也能激发宝宝的想象力和创造力。

游戏 1

准备一张大白纸，然后把宝宝的手、脚或者手指、脚趾放在纸上，用笔或蜡笔描下形状，给宝宝看。

游戏 2

玩黏土。和宝宝一起用黏土捏小人。分别捏头、身体、手、脚等部位。

游戏 3

从画册中选取大的人物图片，剪下来贴在厚纸上。然后将图中人物的重要
部位切开（如头、手、脚、身体等），分成3～4片，教宝宝拼人物。

小贴士

　　这个阶段的宝宝，已经能通过认识自己的身体，更加深入地了解自我、认识自我。
随着自我意识的加深，开始变得对周围的人或事感兴趣。

智力训练

通过玩游戏来提高宝宝理解事物的能力

和宝宝玩比大小、数数、找不同的游戏，来加深宝宝对事物的理解。

游戏 1

在游戏中教宝宝认识"大""小"的概念。用厚纸团成2个大球和2个小球，并将球涂上颜色。然后把做好的球放在桌子上，对宝宝说："让我们把一样大小的球放在一起吧。"

游戏 2

给宝宝玩形状配对的玩具（如三角形、正方形、星形等），加深宝宝对形状的认知。

游戏❸

准备2个碗和1袋饼干。将一个碗放在宝宝面前，一个放在大人面前。然后，拿出一块饼干放到宝宝的碗里说："给宝宝一个。"接着，再拿出一块饼干说："也给妈妈一个。"随后将饼干放到妈妈的碗里。

游戏 **4**

游戏 **5**

在桌子上放1张红色和1张蓝色的卡片。然后对宝宝说"把红色的给妈妈"或"把蓝色的给妈妈"。如果宝宝完全认识了这2种颜色，妈妈可更换成其他颜色的卡片。如"红色和黄色"或"蓝色和黄色"，等等。利用上述同样的方法和宝宝做游戏。

在桌子上放3张带有不同图案的卡片，然后拿出1张和桌子上图案相同的1张卡片给宝宝看，对宝宝说："找一找和这个一样的图案，给妈妈。"

游戏6

把小狗放到带有小狗图案的盒子里，小娃娃放到带有小娃娃图案的盒子里

小狗、小娃娃

事先准备小狗玩具5个，小娃娃玩具5个，再准备2个空盒子，分别在盒子上贴上小狗的图案和小娃娃的图案。然后对宝宝下指令："把小狗放到带有小狗图案的盒子里，小娃娃放到带有小娃娃图案的盒子里。"

小贴士

这一章的游戏目的是让宝宝逐渐认识物体的大小、简单的数字、不同形状的物体。宝宝通过亲眼对事物的确认，能够辨别、区分物体，并且还能提高宝宝对事物的理解力。

21～29个月

语言功能训练

想法是语言的基础

通过语言记忆的积累，能够表达出自己的想法和心情。

游戏 1

一边看画册一边问宝宝"小狗在哪里？""橘子在哪里？"如果宝宝不能指出来，大人可以教给宝宝。

游戏 2

让宝宝看画册，大人用手指出，告诉宝宝画册中动物的名称。宝宝会模仿着大人说。每个词反复地对宝宝说，可加深宝宝的记忆。

游戏 3

玩玩具电话，让宝宝模仿大人打电话。

游戏④ 模仿动作。让宝宝一边唱歌一边模仿吃饭、投球、跑步、打扫卫生的动作。

跑步的人

游戏⑤

在宝宝睡觉时反复给宝宝唱简单的歌谣。

游戏⑥

和小娜的年龄相同

给宝宝讲故事时,故事里的人物要选择和宝宝年龄相仿的。

培养良好的道德品质

宝宝2岁半至3岁的时候，是语言发展最快的阶段，说话的词汇量明显增多，活动能力增强，身体平衡力和灵活性进一步发展起来。能够和小朋友交流，一起玩游戏。

在这个阶段，主要培养宝宝的社交能力。家长要在日常生活中对孩子进行尊重家长、有礼貌、听从家长的教导。培养孩子彼此有爱、互相帮助，习惯和小朋友在集体中共同生活、游戏和进行作业。培养他逐步学会控制自己的感情和行为，做事认真，遵守纪律。这些将为孩子以后良好道德品质的形成奠定基础。

家长的态度最为关键

只要家长在日常生活中能够做到行为举止规范，孩子就会了解家中的规矩，养成良好的生活习惯。当孩子遇到困难时，家长如果以冷静、幽默的态度去应对，孩子将来也会变得稳重。只要家长在做事情上态度明确，孩子就会知道什么事是应该做的，什么事是不应该做的。如果家长遇见事情易于发怒或责备孩子，孩子就会变得没有自信。

因此，在一个家庭里，建立一定的生活规范和制度是非常有必要的。

学习和人交往

 ## 以尊重的态度对待孩子

  2～3岁的宝宝具备表达出自己的想法、行使自己的权利、完成自己责任的能力。如果宝宝能坚持从part1一直做到Part8的话，这就说明宝宝对新的事物越来越感兴趣，已经能够适应长时间的游戏了。

  在宝宝的成长中，多让宝宝做游戏是必要的。通过游戏可以激发宝宝对事情的积极性，让宝宝加深对事物的理解。通过各种各样的游戏体验、学习，能够让宝宝体会到做事情的成就感，从而帮助宝宝增加自信心和勇气。

游戏的目标和注意事项

  也许有的家长会发现自己家的宝宝与其他的宝宝相比要"说话晚"。其实每个宝宝在发育上是有个体差异的，所以家长们不要太过敏感。即使自己的宝宝比同龄的宝宝说话晚一些，他也会在游戏的过程中，通过反复的语言训练，慢慢地掌握语言的发音。如果发现宝宝发音不是很正确，比如把"姥姥"说成"脑脑"，"楠楠"说成"兰兰"等，这种情况需要家长注意是否是由以下原因导致的。

  ① 因听力障碍导致听不清楚、发音不准确；②口中异常；③ 语言神经发育还未成熟；④舌头受限；⑤ 错误发音习惯化。

  这一章主要是让宝宝通过做游戏去学习更多的语言。

运动功能训练

语言、身体、心理共同发育

这时期的宝宝仍然无法控制好自己的情绪，所以家长们一定要选择在宝宝情绪好的时候做游戏。

游戏 1

教宝宝认识圆形、三角形、正方形。在纸上画出这些形状并教宝宝画出这些形状的方法。

游戏 2

在纸上画出点线。然后让宝宝拿蜡笔，将点线描成直线。

游戏 3

做照镜子游戏。和宝宝面对面站好。然后对宝宝说："你是妈妈的镜子，要和妈妈做一样的动作哦。"教宝宝做不同的动作。

游戏 4

和宝宝玩钻洞游戏。用纸板箱或者是木头框做成一个隧道，可以做一个大一点容易通过的隧道，再做一个小一点不容易通过的隧道让宝宝钻着玩。

游戏 5

躺在床上，和宝宝一起一边听着音乐一边做伸展运动吧！

语言功能训练

家长要多使用丰富的词汇

在游戏中要多使用形容词、动词等丰富的词汇，为宝宝提高语言的能力打下基础。

游戏 1

> 那个车是红色的

在散步或者看画册时可教宝宝说"那个车是白色的""这个车是红色的""这个笔小"，等等。

游戏 2

> 小梅喝水吧！

和玩偶对话。教宝宝边玩边说"××吃饭吧！""××穿衣服吧！""××一起出去玩吧！"

游戏 3

跟宝宝玩"说反词"的游戏。

例
* 男孩 ←———→ 女孩
* 哭 ←———→ 笑
* 满满的 ←———→ 空空的
* 你好 ←———→ 再见
* 温的 ←———→ 凉的
* 上 ←———→ 下
* 大 ←———→ 小

等等。

拓展游戏训练

通过游戏培养宝宝的思维能力

在游戏中对宝宝下不同的指令让宝宝做，或提出一些问题让宝宝回答。

游戏 1

准备大大小小数个盒子。将大盒子放在最下面，按照大小顺序一个一个往上叠。教宝宝摆高塔。

游戏 2

将事先剪好的长宽为4厘米的蓝色、黄色、红色正方形卡片放在桌子上，然后将其中的一个卡片递给宝宝并对宝宝说："找出和你手里颜色一样的卡片。"

游戏3

这个衣服是什么颜色的?

红色的

可在家中找一些带颜色的物品,随时对宝宝进行提问。比如,"这个衣服是什么颜色的?""这个包是什么颜色的?"等等。

游戏4 教宝宝数字歌。边唱边和宝宝一起做动作。

来了1个人、2个人、3个人……

游戏5

这个

小狗

将下面的图片分类

准备10张小狗的卡片、10张有关事物的卡片、10张鸟的卡片,3个盒子。和宝宝一起玩分类游戏。

结束语

　　1998年笔者所编写的《培养宝宝身心健康的游戏》一书，第一次出版发行，销售量突破三万册。在此衷心感谢广大读者对笔者的厚爱与支持。我相信这本书里所介绍的游戏训练，是能够让您的宝宝的大脑变发达的。本书也增加了一些与脑科学相关的知识。

　　特别在家庭内部环境中，多少家庭在管教孩子时有暴力的倾向，监护人的暴力行为将会对儿童的精神留下永久性创伤。

　　"在童年时期受到精神创伤的人，精神上比较脆弱，容易患上创伤后应激障碍（PTSD）。所谓的创伤后应激障碍是指脑垂体发生功能性改变之后，通过外界因素刺激使脑扁桃体发出危险信号。"（《要关心孩子、理解孩子》）。

　　如果将安全感深深刻在能够发出"危险信号"的脑扁桃体上，它就会起到像抗压力的特氟隆加工一样的作用。如果将没有安全感的信号传达到脑扁桃体，就会在大脑的海马区留下不安和恐惧的记号。因此，父母千万不能忽视孩子的成长过程与大脑的发育。

　　婴儿大脑的发育是通过接受父母和监护人所带来的刺激所形成的。

　　"脑的发育是有临界期的，大约是在出生后的三年里。所以在大脑发育过程中的这三年里，让孩子健康地生活和学习是重要的。"（《让孩子拥有健康的大脑和身心，需要父母的爱去养育》）

　　婴幼儿时期最重要的是"安全感"。只有获得安全感或信任感，才能充满自信并提高自己的自尊心。在早期教育快速发展的今天，我相信唯有家庭教育才是与孩子的身心健康息息相关的。因此我希望通过亲子游戏来培养孩子和父母之间的感情。

　　智力的发育与父母如何跟孩子讲话、沟通有着密切的联系。据报告统计，能够平时做到心平气和地跟孩子讲话、沟通的家长所养育出来的孩子要比平时不能和孩子很好地讲话、沟通的家长所养育出来的孩子，语言词汇量要丰富4倍。

　　这本书里详细地讲述了母亲如何跟孩子沟通，空闲时大人要和孩子一起做

游戏，哪怕只拿出一点点的时间跟孩子做游戏也会让孩子获得安全感、信任感、成就感等。我相信这些都有利于孩子将来的成长发育。

在此特别感谢在本书编写过程中给予大力支持和帮助的PHP研究所宇佐美明美教授，以及为本书插图剪辑的太田京子，让书的内容变得生动、易懂。在此对两位表示诚挚的谢意。

图书在版编目（CIP）数据

　　聪明宝宝玩出来：0～3岁五感亲子游戏 /（日）坂
本洲子著；任凤凤译. － 北京：中国农业出版社，
2019.8
　　ISBN 978-7-109-25267-7

　　Ⅰ.①聪…　Ⅱ.①坂…②任…　Ⅲ.①智力游戏－学
前教育－教学参考资料　Ⅳ.①G613.7

　　中国版本图书馆CIP数据核字（2019）第035558号

AKACHAN NO KOKORO WO SODATERU TANOSHII ″GOKAN
ASOBI″

Copyright © 2014 by Kuniko SAKAMOTO

Illustrations by Kyoko OTA
All rights reserved.
Original Japanese edition published by PHP Institute, Inc.
This Simplified Chinese edition published by arrangement with
PHP Institute, Inc., Tokyo in care of Tuttle-Mori Agency, Inc., Tokyo
through Beijing Kareka Consultation Center, Beijing

合同登记号：图字01-2016-5359号

聪明宝宝玩出来：0～3岁五感亲子游戏
CONGMING BAOBAO WAN CHULAI 0~3 SUI WUGAN QINZI YOUXI

中国农业出版社
地址：北京市朝阳区麦子店街18号楼
邮编：100125
责任编辑：马英连　　版式设计：水长流文化
印刷：鸿博昊天科技有限公司
版次：2019年8月第1版
印次：2019年8月北京第1次印刷
发行：新华书店北京发行所发行
开本：710mm×1000mm　1/16
印张：8.25
字数：193千字
定价：38.00元